Ciclos de vida

El ciclo de vida de un escarabajo

por Jamie Rice

Bullfrog
en español

Ideas para padres y maestros

Bullfrog Books permite a los niños practicar la lectura de textos informativos desde el nivel principiante. Las repeticiones, palabras conocidas y descripciones en las imágenes ayudan a los lectores principiantes.

Antes de leer
- Hablen acerca de las fotografías. ¿Qué representan para ellos?
- Consulten juntos el glosario de las fotografías. Lean las palabras y hablen de ellas.

Durante la lectura
- Hojeen el libro y observen las fotografías. Deje que el niño haga preguntas. Muestre las descripciones en las imágenes.
- Léale el libro al niño o deje que él o ella lo lea independientemente.

Después de leer
- Anime al niño para que piense más. Pregúntele: Los escarabajos hembras ponen huevos. ¿Puedes nombrar otros animales que ponen huevos?

Bullfrog Books are published by Jump!
5357 Penn Avenue South
Minneapolis, MN 55419
www.jumplibrary.com

Copyright © 2023 Jump! International copyright reserved in all countries. No part of this book may be reproduced in any form without written permission from the publisher.

Library of Congress Cataloging-in-Publication Data

Names: Rice, Jamie, author.
Title: El ciclo de vida de un escarabajo por Jamie Rice.
Other titles: Beetle's life cycle. Spanish
Description: Minneapolis, MN: Jump!, Inc., [2023]
Series: Ciclos de vida | Includes index.
Audience: Ages 5–8
Identifiers: LCCN 2022004525 (print)
LCCN 2022004526 (ebook)
ISBN 9798885240024 (hardcover)
ISBN 9798885240031 (paperback)
ISBN 9798885240048 (ebook)
Subjects: LCSH: Beetles—Life cycles
Juvenile literature.
Classification: LCC QL576.2 .R52718 2023 (print)
LCC QL576.2 (ebook)
DDC 595.76156—dc23/eng/20220201

Editor: Eliza Leahy
Designer: Emma Bersie
Translator: Annette Granat

Photo Credits: Protasov AN/Shutterstock, cover (top), 3, 5, 22t; Vinicius R. Souza/Shutterstock, cover (bottom); Anton Kozyrev/Shutterstock, 1; PHOTO FUN/Shutterstock, 4; Markus Schness/Dreamstime, 6–7, 23tm; gutaper/iStock, 8–9, 23tr; Arterra Picture Library/Alamy, 10–11, 23bl; wonderisland/Shutterstock, 12, 23tl; Tanawat Palee/Shutterstock, 13; KSCHiLI/Shutterstock, 14–15, 22b, 23bm; JorgeOrtiz_1976/Shutterstock, 16; irin-k/Shutterstock, 17; Nastya/Dreamstime, 18–19; Stephane Bidouze/Shutterstock, 20–21; Afanasiev Andrii/Shutterstock, 22l, 22r; nadia_if/Shutterstock, 23br; stella_photo/Shutterstock, 24.

Printed in the United States of America at Corporate Graphics in North Mankato, Minnesota.

Tabla de contenido

De huevo a adulto	4
El ciclo de vida de un escarabajo	22
Glosario de fotografías	23
Índice	24
Para aprender más	24

De huevo a adulto

Es la primavera.

Un escarabajo hembra encuentra una hoja.

El escarabajo hembra pone huevos.

huevo

Otro escarabajo hembra pone huevos en el tronco de un árbol.

Los días pasan.

Las larvas eclosionan.

Ellas crecen.
Comen plantas.
¡Mmm!

Mudan de piel.
¡Ellas hacen esto muchas veces!

Este escarabajo hace un cascarón duro.

Ahora es una pupa.

cascarón

Algunas pupas se mantienen bajo tierra.

Esta pupa se queda en una hoja.

Su cascarón la mantiene a salvo.

Dentro, su cuerpo cambia.

Pasan diez días.
¡Sale un escarabajo!
Es un adulto.

Los escarabajos adultos tienen dos antenas.

Ellos tienen seis patas.

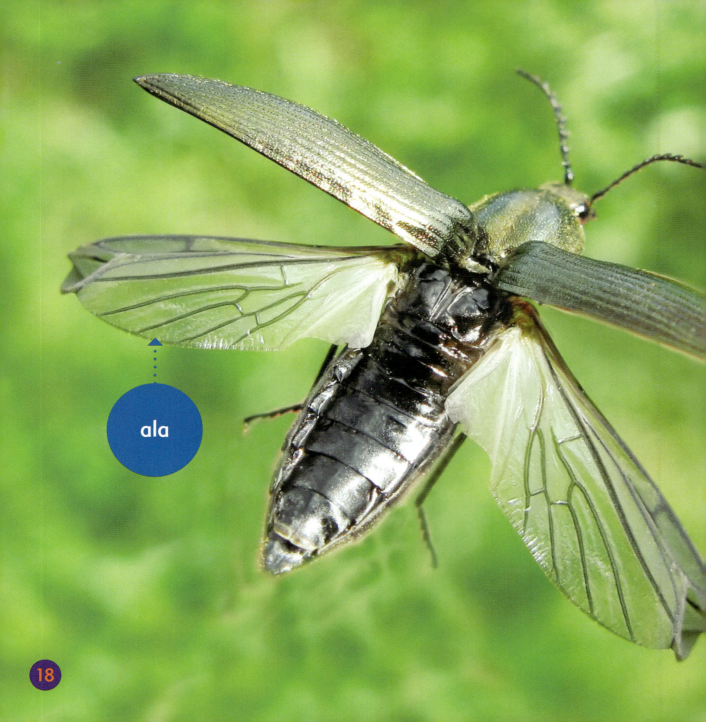

Ellos tienen alas.

Dos son duras.

Dos son suaves.

¡Las alas suaves les ayudan a volar!

¡Pronto, ellos también pondrán huevos!

El ciclo de vida de un escarabajo

El ciclo de vida de un escarabajo tiene cuatro etapas. ¡Échale un vistazo!

Glosario de fotografías

cascarón
La cubierta exterior de un objeto.

eclosionan
Salen de los huevos.

larvas
Los insectos en la etapa de crecimiento entre la de huevo y la de pupa.

mudan de piel
Pierden, se deshacen o dejan que algo caiga.

pupa
Un insecto en la etapa de crecimiento entre la de larva y la de adulto.

tronco
La cubierta exterior y dura de arbustos, árboles y otras plantas.

Índice

adulto 16, 17
alas 19
antenas 17
cascarón 12, 14
comen 9
crecen 9

huevos 5, 6, 20
larvas 6
patas 17
plantas 9
pupa 12, 13, 14
volar 19

Para aprender más

Aprender más es tan fácil como contar de 1 a 3.
1. Visita www.factsurfer.com
2. Escribe "elciclodevidadeunescarabajo" en la caja de búsqueda.
3. Elige tu libro para ver una lista de sitios web.